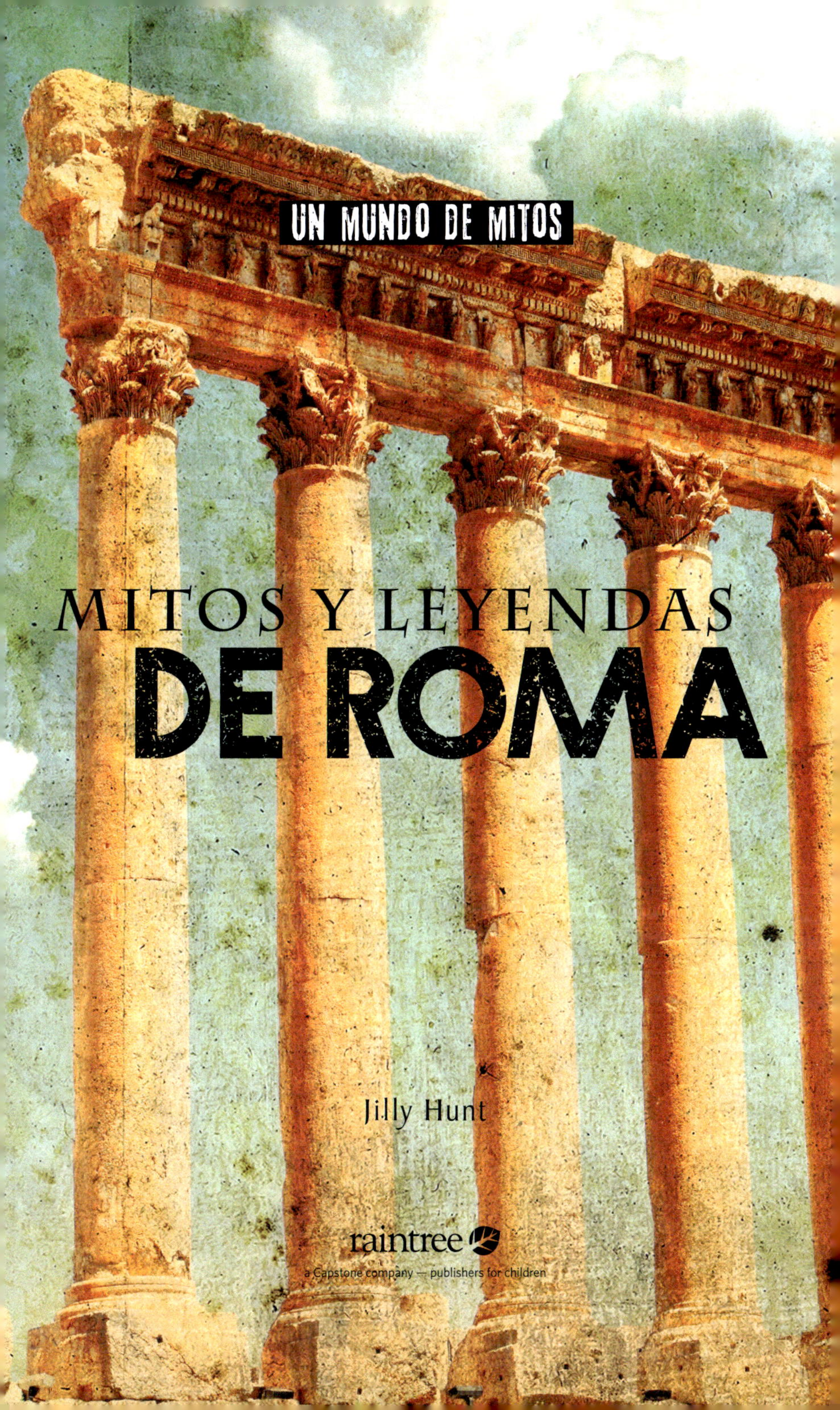

UN MUNDO DE MITOS

MITOS Y LEYENDAS DE ROMA

Jilly Hunt

raintree
a Capstone company — publishers for children

una imprenta de Capstone Global Library, LLC
Chicago, Illinois
www.capstonepub.com

Editora: Nancy Dickmann, Adam Miller, y Claire Throp
Diseñadora: Jo Hinton-Malivoire
Ilustraciones originales © Capstone Global Library, Ltd., 2013
Ilustraciones de Xöul
Búsqueda de imágenes por Hannah Taylor
Producción por Victoria Fitzgerald
Translated into the Spanish language by Aparicio Publishing

Datos de catalogación en publicación de la Biblioteca del Congreso
ISBN 978-1-4109-9120-1

Agradecimientos
Expresamos nuestro agradecimiento a los siguientes por su permiso para reproducir fotografías: Alamy Images pp. 5 (© Jozef Sedmak), 6 (© Picture Contact BV), 8 (© WoodyStock), 10 (© B&Y Photography), 21, 26 (© AF archive); Corbis pp. 4 (Nathan Benn), 7 (Adam Woolfitt), 9 (Mimmo Jodice), 11, 19 (Araldo de Luca), 16 (Jose Fuste Raga), 39 (Burstein Collection); Getty Images p. 23 (Alinari Archives); Press Association p. 35 (Italian Cultural Ministry); Shutterstock pp. 17 (© nhtg), 20 (© Vladimir Korostyshevskiy), 22, 40 (© Philip Lange), 34 (© Anthony Smith); Superstock pp. 12 (Photoservice Electa), 27 (Piotr Ciesla), 29 (The Art Archive), 41 (Science Faction); The Art Archive pp. 13 (Museo Nazionale Palazzo Altemps Rome/Dagli Orti), 18 (Musee du Louvre Paris/Gianni Dagli Orti), 28, 38 (Dagli Orti).

Imágenes de fondo: Shutterstock (©tanais), (©vapy), (©imagestalk), (©Olga Matseyko), (©I. Pilon), (©toadberry), (©pashabo), (©Maugli), (©Robert Adrian Hillman), (©Anna Omelchenko), (©gallimaufry), (©Brian Weed), (©Vangelis76), (©Elenamiv).

Fotografía de la portada de Hércules con la piel de león reproducida con permiso de Shutterstock (© Vladimir Korostyshevskiy). Cover graphic: Shutterstock (© Martin Capek).

La editorial agradece a Alex Smith, investigador senior de la Universidad de Reading, por su valiosa ayuda en la producción de este libro.

Printed in the United States 6085

CONTENIDO

¿Qué son los mitos y las leyendas? . . . 4

Mitos de muchas culturas 6

Dioses y diosas 10

Adorar a dioses y diosas 16

Héroes, tramposos y ladrones 20

Expediciones y aventuras 26

El inicio y el fin 34

Influencia romana. 40

Personajes, criaturas y lugares 42

Glosario *44*

Más información *46*

Índice *48*

¿Sabías qué?

Descubre información interesante sobre los mitos romanos.

¿QUIÉN ES QUIÉN?

Aprende más sobre algunos de los personajes principales de los mitos romanos.

RELACIÓN CON OTROS MITOS

Aprende sobre personajes e historias similares de otras culturas.

¿Qué son los mitos y las leyendas?

A lo largo de la historia, los humanos han contado historias. Algunas historias tratan sobre la creación del mundo. Otras sobre dioses y diosas poderosos, o héroes y tramposos y sus muchas expediciones. Estos mitos y leyendas han sido transmitidos de generación en generación. Las historias han sido modificadas por cada generación.

EXPLICAR EL MUNDO

Hoy en día, los científicos pueden explicar los orígenes del universo, pero en la historia antigua, la mitología se usaba para explicar las cosas en su lugar. Los mitos son historias tradicionales que a menudo se utilizan para ayudar a las personas a entender el mundo y cómo se debe vivir. La mayoría de las personas ya no piensan que los mitos sean verdaderos, pero en ese momento las personas realmente creían en ellos.

Esto es un mosaico del dios romano Apolo. Es parte de la decoración de un piso de una villa romana del siglo IV d.C.

LOS ANTIGUOS ROMANOS

Los antiguos romanos empezaron como una pequeña tribu de personas que vivía en lo que actualmente es Italia, hace más de 3,000 años. Este pequeño grupo de aldeas finalmente se convirtió en la gran ciudad de Roma. Roma luchó muchas guerras y conquistó muchos pueblos, hasta que grandes zonas de Europa, África y Asia estaban bajo el dominio del pueblo romano. Los antiguos romanos forzaron a los pueblos conquistados a creer en sus propias creencias, y así sus mitos se extendieron.

¿QUIÉN ES QUIÉN?

Conocemos los inicios de la historia de Roma gracias a escritos de historiadores romanos como Livio. Livio se mudó a Roma alrededor del año 29 a.C., y empezó a escribir la historia de la ciudad. Algunas de sus historias se basan en mitos y leyendas populares. Él fue la primera persona en documentar la historia de Roma a un nivel personal y moral, en lugar de en términos de política.

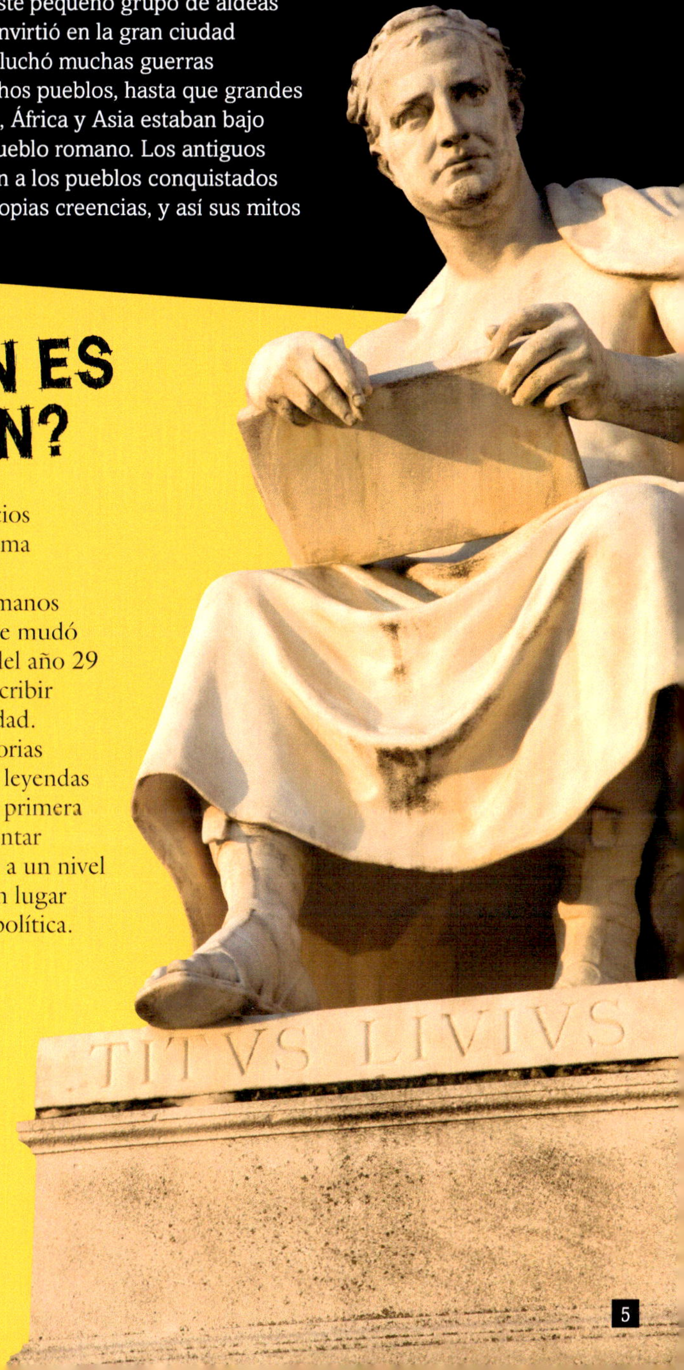

Mitos de muchas culturas

Muchos mitos romanos provienen de otras culturas. A medida que el Imperio Romano se expandía, los romanos descubrían nuevos dioses y los incorporaban a sus creencias. Por ejemplo, muchos hombres romanos adoraban al dios Mitra, cuyo culto provenía de Persia (ahora Irán). En otras ocasiones, un dios romano podía mezclarse con un dios de otra cultura. Por ejemplo, Sulis Minerva era una diosa adorada en la Gran Bretaña romana. Sulis era la diosa celta de la curación y de las aguas sagradas, y Minerva era la diosa romana de la sabiduría.

MITOS ETRUSCOS

Los etruscos vivían en el norte de Italia antes de los romanos. Muchos aspectos de su cultura fueron adoptados por los romanos. Por ejemplo, muchos dioses romanos, como Saturno y Diana, fueron originalmente etruscos.

La diosa Minerva es asociada con las termas romanas en Bath, Inglaterra.

¿Sabías qué?

Los antiguos romanos creían que los dioses eran como las personas, pero con poderes especiales. Los dioses eran miembros de una familia y, como la gente normal, se casaban, tenían hijos, discutían y peleaban. Los romanos creían que los dioses vivían para siempre, es decir, eran inmortales, mientras que la gente normal era mortal.

¿QUIÉN ES QUIÉN?

Mitra era el dios de la luz y es conocido por asesinar al toro cósmico. No estamos seguros de por qué lo mató. Algunas personas creen que la sangre del toro se derramó en el suelo e hizo que la tierra fuera fértil. La religión del mitraísmo prometía la vida después de la muerte, haciéndose popular entre los soldados romanos. Sin embargo, sus seguidores juraban mantener sus creencias en secreto, así que no sabemos mucho sobre eso.

Esta escultura de piedra muestra a Mitra matando al toro cósmico.

DIOSES PARA TODO

Los romanos no solo eran supersticiosos sobre grandes temas como la vida y la muerte, también se preocupaban por problemas cotidianos, como la panadería. Los romanos tenían espíritus, dioses y diosas para cada momento de la vida.

¿QUIÉN ES QUIÉN?

Jano era el dios de las puertas y de los buenos comienzos. El mes de enero lleva su nombre en idiomas como el inglés (January). A menudo es representado con dos caras: una mirando hacia adelante y la otra mirando hacia atrás.

DIOSES DOMÉSTICOS

Para proteger sus hogares, las familias romanas adoraban a dioses protectores llamados Lares. Estos gemelos eran los hijos de Mercurio, el mensajero de los dioses, y Lara. Los Lares eran adorados en un altar dentro del hogar llamado larario. Podían proteger cualquier lugar así que eran asociados con los cruces de caminos y los campos.

Los romanos también adoraban a una pareja de dioses llamados Penates. Los Penates eran los dioses de la mesa o la despensa. Algo de comida era puesta en frente de las estatuas en el larario al comienzo de cada comida, como una ofrenda a los Penates.

VESTA

Vesta era la diosa del fuego en el hogar. Como el fuego era difícil de hacer en la antigua Roma, Vesta era muy importante. Ella era adorada en el hogar y también tenia un templo dedicado a ella en Roma. En este templo, había una llama que se mantenía siempre encendida.

A diario, las familias romanas decían oraciones y daban ofrendas de comida o vino para complacer a los dioses en el santuario de sus casas.

¿Sabías qué?

Según el mito, los Lares tomaban prestados los perros de la diosa de la caza, Diana, y juntos perseguían y alejaban a los ladrones del hogar.

Dioses y diosas

Cuando los romanos conquistaron a los antiguos griegos, descubrieron un nuevo grupo de dioses y diosas para agregar a los suyos. Sin embargo, los romanos cambiaron los nombres de los dioses griegos para mostrar quién estaba en el poder. A veces, combinaban los atributos de los dioses griegos con los romanos, para que este dios tuviera nuevos poderes.

RELACIÓN CON OTROS MITOS

Muchos dioses eran conocidos con diferentes nombres en diferentes culturas.

NOMBRE GRIEGO	NOMBRE ROMANO
Zeus	Júpiter
Hera	Juno
Poseidón	Neptuno
Hestia	Vesta
Ares	Marte
Atenea	Minerva
Afrodita	Venus
Hermes	Mercurio
Artemis	Diana
Hefesto	Vulcano
Apolo	Apolo
Hades/Plutón	Plutón

Los romanos creían que Minerva nació de la cabeza de Júpiter, ¡con armadura y todo!

LOS OLÍMPICOS

Hay muchos personajes diferentes en la mitología griega, pero los más importantes eran los dioses y las diosas que vivían en el monte Olimpo, llamados los olímpicos. Los romanos no parecían darle al monte Olimpo o al grupo de dioses otro nombre, pero el mito poco a poco fue cambiando y se convirtieron en los dioses que viven en el cielo.

Zeus era el dios del cielo para los griegos, pero los romanos mezclaron sus atributos con los del dios etrusco del trueno, Tinia, y le dieron el nombre romano de Júpiter. Júpiter se convirtió en el gobernante supremo de los dioses.

DIOSAS

Los siguientes dos gobernantes más poderosos fueron las diosas Juno y Minerva. Juno era la esposa de Júpiter y era la diosa del matrimonio y el parto. Minerva era la diosa de la sabiduría y sus atributos se mezclaron con los de la diosa griega Atenea. En mitología, ella es la hija de Júpiter.

Júpiter destruyó a sus enemigos con rayos. Aquí aparece a punto de lanzar un rayo en una pelea con los gigantes. Júpiter se muestra a menudo con un águila que sostiene los truenos en sus garras.

DIOSES DE LA GUERRA Y EL FUEGO

Marte era el dios de la guerra e hijo de la diosa Juno. El poeta romano Ovidio cuenta un mito que explica que Juno estaba celosa de Júpiter después de que creara a Minerva sin una madre. Juno quería crear un hijo sin padre. Pidió ayuda a otra diosa y creó a Marte ella sola.

Vulcano era el dios del fuego. Era un herrero y se creía que su fragua estaba bajo el monte Etna, un volcán en Sicilia, Italia. Vulcano era el padre de un monstruo que respiraba fuego llamado Caco, y estaba casado con Venus, la diosa del amor.

¿QUIÉN ES QUIÉN?

Ovidio nació en el año 43 a.C. Fue famoso por su largo poema Metamorfosis, una colección de mitos.

Venus es la madre de Cupido, el dios del amor, y de Eneas, el antecesor de los romanos.

DIOSES DEL MAR Y DEL SOL

Neptuno era el dios del mar. Para marineros como los romanos y los griegos, él era muy importante porque podía ayudarlos o acabarlos.

El dios griego Apolo se hizo muy popular entre los romanos. Era el hijo de Júpiter y el dios del Sol, la medicina, la música, la poesía y la filosofía, ¡un dios muy poderoso!

Se cree que Marte era el padre de los gemelos Rómulo y Remo, quienes se cree que fueron los fundadores de Roma.

RELACIÓN CON OTROS MITOS

En la antigua mitología griega, el dios del inframundo era una figura importante. Se llamaba Hades, pero los griegos creían que daba mala suerte decir su nombre. Lo nombraban de diferentes formas, una de ellas era Plutón. Los romanos adoptaron a este dios y lo llamaron Plutón.

Vulcano y el trono de oro

—¡Suéltala! —dijo Vulcano al ver a su madre, Juno, colgando del cielo por una cadena de oro. Júpiter la había colgado allí como castigo después de una discusión.

—¡No te metas en esto, hijo! —exclamó Júpiter. Agarró el pie de Vulcano y lo arrojó fuera del cielo.

La caída de Vulcano a la Tierra tomó todo un día y una noche. Habría matado a un hombre mortal, pero a él simplemente le dejó una herida en la pierna que le hacía cojear.

En las profundidades del monte Etna, Vulcano se molestó. —¿Dónde está mi madre? ¿Acaso no le importo lo suficiente como para comprobar si estoy herido? —le preguntó a Cíclope, el gigante de un solo ojo—. Le mostraré que no puede tratarme así.

Vulcano y Cíclope comenzaron a construir un trono dorado para Juno, pero era un trono especial. Vulcano cuidadosamente lo equipó con resortes ocultos que la mantendrían firmemente en su lugar. —Ahora nunca escapará —dijo Vulcano, sonriendo astutamente—. Lo lamentará.

Juno estaba encantada con su nuevo trono dorado y admiró su belleza mientras se sentaba. Por supuesto, tan pronto se sentó los resortes escondidos entraron en acción y Juno fue retenida como prisionera.

—¡Quédate quieta, Juno! —le dijo Júpiter—. Vulcano te ha jugado una mala pasada. Dile a Mercurio que lo traiga aquí inmediatamente—. Pero Vulcano no iba a ser influenciado tan fácilmente.

—¡Entonces envía a Baco, el dios del vino! —ordenó Júpiter.

Las fraguas son lugares calientes y Vulcano estaba sediento después de un día duro de trabajo, por lo que aceptó con agrado cuando Baco le ofreció vino.

—¡Vulcano! ¿Dónde has estado? —le regañó Juno mientras Vulcano cojeaba hacia el palacio—. ¡Suéltame de inmediato y será mejor que te disculpes ante tu padre, también. Está furioso contigo.

Vulcano liberó a su madre y le pidió perdón a su padre, pero se negó a volver al cielo, pues prefería vivir en la oscuridad de su fragua.

Adorar a dioses y diosas

Los antiguos romanos construyeron edificios especiales, llamados templos, para adorar a sus dioses y diosas. Dentro de los templos había estatuas del dios a quien pertenecía. Las personas hacían ofrendas de comida, flores o dinero frente a la estatua.

Los romanos rezaban a un dios en particular, de acuerdo a lo que deseaban, suerte o protección. Por ejemplo, Ceres era la diosa de los cultivos y las cosechas. Durante un periodo de escasez de grano, los romanos construyeron un templo a Ceres, para tratar de protegerse de la hambruna.

LO QUE NOS QUEDA HOY

Conocemos los templos romanos porque algunos de ellos, o sus restos, todavía sobreviven. Los edificios del templo Capitolino fueron construidos para adorar a Juno, Júpiter y Minerva en la colina del Capitolio en Roma. Este fue un lugar importante en la antigua Roma.

¿Sabías qué?

Los romanos creían que matar a un animal valioso era una muestra de lo importantes que eran los dioses para ellos. Un sacerdote realizaba el sacrificio en un altar fuera del templo. Los romanos creían que los órganos internos del animal sacrificado podrían mostrarles los deseos de los dioses y predecir el futuro.

Estos templos en Túnez fueron construidos para Juno, Júpiter y Minerva.

¿Sabías qué?

En ocasiones, los dioses y las diosas de una cultura son llamados panteón. La palabra "panteón" proviene del griego y quiere decir "todos los dioses". En Roma, hay un templo de todos los dioses que también se llama Panteón. ¡Su cúpula era la más grande del mundo antiguo y medía 43 metros (140 pies) de ancho!

FESTIVALES

Los romanos celebraban festivales para honrar a sus dioses y diosas. Había muchos dioses romanos, ¡así que había muchos festivales! Se celebraban cientos cada año.

AÑO NUEVO

Los romanos originalmente comenzaban un nuevo año el 1 de marzo, que marcaba el inicio de 19 días de baile y festines. En el año 153 a.C., el año nuevo romano se trasladó al 1 de enero. Este día se celebraba un festival para agradecer a Júpiter su protección durante el último año. Se sacrificaban toros para complacerlo.

El 13 de agosto era festivo, se honraba a Diana, la diosa de la caza. Se creía que Diana era la protectora de las clases inferiores, así que los esclavos tenían el día libre.

¿Sabías qué?

Así como ceremonias religiosas y competiciones deportivas, los festivales también podían incluir obras de teatro. Estos juegos y obras de teatro eran tan importantes como las ceremonias religiosas.

La diosa Ceres es a menudo representada con una corona de mazorcas de maíz, y sus seguidores le hacían ofrendas de maíz.

COMPETICIONES DEPORTIVAS

Algunos festivales incluían competiciones deportivas, llamadas juegos. Estos juegos eran vistos como otra forma de honrar a un dios o una diosa. En abril se celebraban los juegos Ludi Cereales para alabar a Ceres, la diosa de los cultivos y las cosechas. Era un periodo de celebración y fiesta.

LUGARES DE COMERCIO

Una de las fiestas romanas más populares se celebraba del 17 al 24 de diciembre. Se llamaba Saturnalia y se hacía en honor al dios Saturno. Además de sacrificios y juegos, ¡los amos y sus esclavos intercambiaban roles durante un rato!

Héroes, tramposos y ladrones

Los romanos también contaban historias sobre héroes. Muchos héroes eran hijos de un dios y de un humano. Al ser hijos de un dios, esto les daba poderes sobrehumanos. Los héroes se embarcaban en numerosas y fantásticas aventuras. Algunos eran adorados como dioses.

HÉRCULES

Uno de los héroes más importantes de la mitología romana fue Hércules. Hércules eran conocido por su fuerza, y las historias más famosas tratan sobre sus 12 "labores". Estas son las 12 tareas que tuvo que hacer como castigo por matar a sus propios hijos. Las tareas de Hércules incluían hazañas de fuerza y pericia, como matar al león de Nemea y capturar a un peligroso toro que eructaba llamas.

La historia de Hércules sobre el león de Nemea se parece a la historia cristiana de Sansón y el león, en la cual Sansón despedaza a un león con sus propias manos.

La película de Disney *Hércules* está basada en los mitos griegos y romanos de Hércules.

¿QUIÉN ES QUIÉN?

Cayo Mucio Escévola es un legendario héroe romano que salvó a Roma de un ataque en el año 508 a.C. Fue atrapado en el campamento del enemigo tratando de matar al rey. Iba a ser torturado, pero fue liberado cuando colocó su mano derecha sobre un fuego para mostrar que no tenía miedo.

¿Sabías qué?

Los emperadores romanos eran humanos normales y corrientes. Sin embargo, después de su muerte en el año 14 d.C., el emperador Augusto fue convertido en dios. A pesar de que era solo un símbolo de respeto, muchos emperadores posteriores eran venerados como dioses después de morir. Sin embargo, el emperador Calígula, que estaba un poco loco, creía que era un verdadero dios.

HACER TRUCOS

Algunos personajes mitológicos son tramposos. Pueden hacer trucos, robar o romper las reglas de varios modos. Sin embargo, a pesar de su malicia, pueden ser muy ingeniosos y ayudar a los humanos. Los tramposos pueden ser los héroes de algunas historias.

Prometeo es una de esas figuras. Sus historias fueron tomadas de la mitología griega por los romanos. En una de las historias, Prometeo enseñó a los humanos a engañar a los dioses dando festines con huesos y grasa como sacrificio, en lugar de carne tierna. Cuando se dio cuenta, Júpiter les retiró el fuego a los humanos como castigo. El fuego era una parte esencial de la vida cotidiana, así que Prometeo lo robó de nuevo y se lo devolvió a los humanos.

Esta estatua muestra a Prometeo robando el fuego para devolvérselo a los humanos.

¿Sabías qué?

Después de que Prometeo robara el fuego de los dioses, fue castigado y encadenado a una roca. Cada día, un águila vendría a comerse su hígado, pero volvería a crecer para ser comido de nuevo al día siguiente.

A menudo, Mercurio es representado con sandalias aladas para viajar velozmente, y su varita mágica que podía hacer que las personas se durmieran.

EL DIOS DE LOS LADRONES

El ladrón y tramposo romano más famoso es Mercurio. Era el hijo de Júpiter y la diosa Maya y era el mensajero de Júpiter. Era el dios del comercio y de los ladrones. Se dice que el día en que nació, se alejó sigilosamente de su madre, mientras dormía, y robó el ganado de Apolo.

RELACIÓN CON OTROS MITOS

Los tramposos también aparecen en mitos y leyendas de otras culturas. Por ejemplo, el Hermano Conejo es popular en el folclor de los pueblos indígenas de América y África.

El robo del ganado de Apolo

El bebé Mercurio no tenía ni un día de vida y ya estaba cansado de sentarse en las rodillas de su madre. —¡Esto es aburrido! —refunfuñó mientras saltaba. Rebuscando alrededor de la silla, encontró una concha de tortuga en el suelo, vacía.

—¿Qué podía hacer con esa concha? —se preguntó. Se le ocurrió una idea. Comenzó a hacer agujeros en los lados de la concha, extendió cuerdas que la atravesaban y luego las rasgueó para tocar una dulce música. Mercurio inventó la primera lira, ¡nada mal para un bebé!

Pronto, Mercurio comenzó a sentir hambre. —Quiero algo de comer —le dijo a su madre, pero ella dormía—. Encontraré algo yo mismo, pues —murmuró mientras se ponía en marcha. Llegó a un prado verde y vio que estaba lleno de ganado joven y gordo. Sería un buen manjar… si no fuera porque pertenecía al dios del Sol, Apolo.

Mercurio miró a su alrededor para ver si el ganado estaba siendo vigilado y vio que Apolo estaba dormido. Silenciosamente, se llevó 50 piezas del ganado de Apolo, cubriendo sus huellas cuidadosamente. Luego, mató a dos de ellos y se los comió. ¡Delicioso!

Mientras tanto, Apolo se despertó de su siesta y se sentó lentamente, frotándose los ojos. —¡Eh! ¿Quién ha robado mi ganado? —gritó mientras se incorporaba para buscar pistas. ¿Dónde podrían estar?

Entonces, Apolo recordó: esa mañana escuchó un anuncio que decía que el dios de los ladrones había nacido. ¿Podría un bebé ser un ladrón? Fue a buscar a la madre de Mercurio y encontró al bebé dormido en los brazos de su madre.

—¡No puedes engañarme, Mercurio! —dijo Apolo. Arrastró a Mercurio al Olimpo para enfrentar a los otros dioses, que lo declararon culpable del robo.

—Lo siento —dijo Mercurio—. Toma, ten esta lira para compensarlo.
Apolo estaba tan complacido con la lira que perdonó a Mercurio y le dio una varita mágica llamada caduceo, que tenía el poder de detener batallas.

Expediciones y aventuras

En la mitología romana, tanto mortales como dioses se embarcaban en aventuras y expediciones. Una historia importante para los romanos era la aventura griega de Jasón y los argonautas. Un poeta llamado Apolonio de Rodas escribió Argonáuticas, un largo poema que explica la historia. Fue traducido más tarde por los romanos.

El poema habla de las emocionantes aventuras de Jasón y su tripulación, quienes navegaron en un barco llamado Argo. Fueron enviados a una tierra lejana para encontrar el legendario vellocino de oro. En el camino, se enfrentaron a muchos desafíos, tales como navegar a través de las Rocas Cianeas. Estas rocas se balanceaban todas al mismo tiempo y aplastaban cualquier cosa que cruzara a través de ellas.

La historia de Jasón y los argonautas sigue siendo muy popular hoy en día, incluso se hizo una película sobre ella.

RELACIÓN CON OTROS MITOS

El poeta romano Cayo Valerio Flaco también escribió una epopeya sobre el viaje de Jasón y los argonautas. Se basaba en el trabajo de Apolonio, pero mostró influencias de los escritores romanos como Virgilio y Ovidio.

¿Sabías qué?

Cuando Jasón eligió a su tripulación, seleccionó a los mejores y más fuertes hombres que pudo encontrar. Muchos de ellos eran hijos de dioses. ¡Incluso Hércules formaba parte de la tripulación!

CÁSTOR Y PÓLUX

Los hermanos gemelos Cástor y Pólux eran parte de la tripulación de Jasón. El padre de Cástor era un mortal, pero Júpiter era el padre de Pólux. Los romanos adoraban a estos gemelos y los consideraban héroes. Creían que uno de los deberes de Cástor y Pólux era cuidar a los que se perdían en el mar y enviar luces para guiar a los marineros.

Cástor y Pólux a menudo eran llamados por los romanos en momentos de crisis.

Esta imagen del poeta romano Virgilio proviene de un manuscrito de la Eneida, del siglo V d.C.

GEMELOS PROBLEMÁTICOS

Cástor y Pólux siempre estaban peleando el uno con el otro y buscando problemas. En una de las historias llevaban a dos hermanas, Febe e Hilaria. Los primos de las hermanas, Idas y Linceo, fueron a rescatarlas y tuvieron una fatal pelea con Cástor y Pólux. Idas mató a Cástor y Pólux mató a Linceo. Júpiter estaba furioso y, para vengarse, mató a Idas con un rayo.

En algunas versiones de los mitos, Cástor era mortal y Pólux (siendo el hijo de Júpiter), inmortal. Cuando Cástor fue asesinado, Júpiter dejó que Pólux compartiera su inmortalidad con su hermano, para que no se separaran. Cástor y Pólux irían alternando y pasarían días en el cielo (donde aparecen como la constelación de Géminis), y otros días en el inframundo.

¿QUIÉN ES QUIÉN?

El poeta romano Virgilio escribió la Eneida, que relata la historia de Eneas y la fundación de Roma. Virgilio se hizo famoso en Roma y su trabajo era utilizado en los libros de texto de muchas escuelas.

La madre de Eneas, la diosa Venus, ayuda a mantener a su hijo a salvo durante su larga travesía.

LA EXPEDICIÓN HACIA UNA NUEVA CIUDAD

Una de las expediciones más famosas de la mitología romana es la de Eneas. Esta marca el inicio de la aventura que conduce a la fundación de Roma. Eneas es el hijo de la diosa Venus y el príncipe Anquises, y lucha por defender Troya de los griegos. Después de la guerra de Troya, Eneas siguió su profecía: fundaría una nueva ciudad. Tuvo muchas aventuras, incluidas la de escapar de los Cíclopes, naufragar, enamorarse, y visitar el inframundo, donde se le mostró una visión del futuro: la ciudad de Roma.

Eneas y la caída de Troya

Durante 10 años, la ciudad de Troya había estado en guerra con los griegos. Finalmente, los griegos fingieron irse a casa, pero dejaron atrás un caballo gigante de madera con soldados escondidos en su interior. En la noche, mientras los troyanos dormían, los soldados griegos salieron de su escondite, matando a todo el que encontraban.

El guerrero troyano Eneas se había ido a la cama, contento de que la larga guerra hubiera terminado. Pero pronto el ruido de la lucha lo despertó. —¡La ciudad está en llamas! —exclamó, mirando por la ventana—. Tengo que advertir al rey.

Tropezando entre el humo y los escombros, Eneas arrancó la armadura de un soldado griego muerto y se dirigió al palacio. Era demasiado tarde: el rey estaba muerto.

Eneas se dio cuenta de que los griegos destruirían la ciudad. Pensó en su familia. "¡Debemos escapar!", pensó. De camino a casa, luchó y mató a soldados que pasaban por las calles en llamas.

—Tenemos que irnos de inmediato —ordenó Eneas al llegar a casa.

—No puedo, hijo. Soy viejo y estoy lisiado —le dijo Anquises.

—No te voy a dejar, padre. Yo puedo llevarte —suplicó Eneas.

Mientras Anquises miraba a su nieto, vio una extraña luz flotando sobre su cabeza. Era una señal de los dioses de que su familia sobreviviría. Se subió a la espalda de Eneas, agarrándose a las estatuas de los dioses del hogar.

Al llegar a puerto seguro, Eneas miró atrás. Su esposa ya no estaba con ellos. Volvió a toda velocidad para encontrar el espíritu de su esposa, que lo estaba esperando. —Vayan sin mí, y diríjanse a las orillas del río Tíber —susurró el espíritu.

Eneas regresó al puerto y se preparó para zarpar. Otros troyanos que habían escapado de la ciudad en llamas se unieron a la aventura. Había una flota de muchos barcos listos para zarpar.

continúa en la página 32

Aguas tempestuosas

—¡No escaparán tan fácilmente! —gritó la diosa Juno. Ella odiaba a los troyanos y se había puesto del bando de los griegos en la guerra. La diosa desató una enorme tormenta, pero la conmoción despertó al dios del mar, Neptuno.

—¡Como te atreves a interferir en mis mares, Juno! Aguas, cálmense —ordenó, enojado. Justo a tiempo para salvar a Eneas y a su tripulación, pero varios barcos naufragaron. Eneas se dirigió al puerto más cercano, Cartago, al norte del África.

Eneas pronto se enamoró de Dido, la reina de Cartago. Parecían tan enamorados que los dioses pensaron que Eneas había olvidado la profecía. Mercurio fue a recordárselo. —No lo he olvidado, pero debo irme en secreto —respondió Eneas. Sabía que Dido no quería que se marchara.

Dido despertó una mañana y vio el último de los barcos de Eneas, marchándose. —¡Quemen todas sus cosas! —ordenó la reina, con el corazón roto. Mientras las llamas quemaban las posesiones de Eneas, Dido saltó a la pira y clavó una daga en su propio corazón.

Anquises, que había muerto de camino a Cartago, pronto se apareció ante su hijo en una visión. —Debes viajar a Cumas a conocer a Sibila —le instruyó. La Sibila de Cumas era una sacerdotisa que podía predecir el futuro. Ella condujo a Eneas al inframundo.

—¡Cuidado con Cerbero! —le advirtió la Sibila mientras lanzaba un pastel con droga para el perro guardián de tres cabezas. Con el feroz Cerbero dormido, la pareja pudo continuar hacia los Campos Elíseos, donde las almas de las personas buenas podían descansar para siempre. Allí encontraron el espíritu de Anquises. —Fundarás una nueva ciudad, Roma —le reveló Anquises. Eneas trató de abrazar a su amado padre, pero solo agarró aire.

Eneas se apresuró a volver al mundo de los vivos y navegó por el mar de la costa de Italia. Cuando vio la desembocadura del río Tíber, supo que esa iba a ser su nueva patria.

El inicio y el fin

Todas las culturas tienen historias que hablan sobre sus orígenes. La fundación de Roma fue la historia más importante para los romanos. Los historiadores romanos, como Livio, cuentan una historia que combina los mitos griegos con leyendas romanas. El héroe Eneas finalmente llega a Italia, donde se casa con una princesa y forman una familia. Son los descendientes de Eneas a los que se les atribuye la fundación de la ciudad de Roma.

La imagen de la loba alimentando a Rómulo y Remo era muy importante para los romanos. Hicieron muchas esculturas de esta escena.

Esta cueva podría ser el lugar donde los romanos creyeron que la loba crió a Rómulo y Remo.

LA FUNDACIÓN DE ROMA

Dos gemelos llamados Rómulo y Remo nacieron de una sacerdotisa soltera llamada Rea Silvia. Ella era la hija de Numitor, descendiente de Eneas. Rea afirmó que el padre de los gemelos era el dios Marte. Al ser sacerdotisa, iba a ser asesinada como castigo por quedar embarazada.

Los niños fueron abandonados y arrastrados por el río Tíbet. Sin embargo, los hermanos fueron arrastrados a la orilla y encontrados por una amable loba. La loba los alimentó y cuidó como a sus propias crías, hasta que un día fueron encontrados por un amable pastor. Puedes averiguar el resto de la historia en la página siguiente.

¿Sabías qué?

En el año 2007, un grupo de arqueólogos descubrieron una gruta romana subterránea. Piensan que podría haber sido construida en el lugar donde los romanos creían que era la cueva de la loba. Los arqueólogos dicen que este hallazgo muestra que los mitos de ficción pueden ayudar en la búsqueda de hechos históricos.

Rómulo y Remo

Rea Silvia estaba embarazada, pero ella era una sacerdotisa y eso no estaba permitido.

—¿Qué vamos a hacer con ella? —le preguntó su padre, Numitor, a su esposa. —La ley dice que debe ser enterrada viva. ¡Oh, qué vergüenza! ¿Y qué hay de los bebés?

—¡Dice que serán gemelos y que el padre es Marte! —contestó su esposa—. ¿Cómo pudo hacer eso? ¿No recuerda que somos descendientes de Eneas?

Los sirvientes llevaron a los bebés al río. Se les había ordenado que empujaran a los hermanos al río, pero este estaba inundado. —No me estoy acercando —dijo uno de ellos—. Los dejaremos a un lado.

El río caudaloso llevó la canasta río abajo, pero los bebés no se ahogaron. Eventualmente, la canasta se enganchó a una raíz de árbol cerca de la orilla y fue descubierta por una loba. La loba cuidó a los niños junto a sus propias crías, hasta que un día fueron descubiertos por el pastor Fausto, quien se los llevó a casa.

—Deben de ser los hijos de Rea Silvia —dijo su esposa, cuando escuchó la historia de Fausto. —¿Qué haremos con ellos? Nos meteremos en problemas si alguien averigua que están vivos.

Valientemente, decidieron criar a los niños como si fueran suyos, y estos crecieron fuertes y valientes.

—¡Construyamos una nueva ciudad! —decidieron los niños un día. Pero ellos tenían sangre de guerreros en sus venas y peleaban constantemente. Cuando comenzaron a construir la muralla de la ciudad, peleaban por cómo llamar a esta gran ciudad.

—La llamaremos Remo —dijo Remo.

—¡No, debería llamarse Roma! —gritó Rómulo.

Las discusiones se convirtieron en peleas. Remo saltó por encima del muro, derribándolo. Rómulo agarró una roca y la rompió en la cabeza de Remo, matándolo. —¡Todos los que intenten saltar los muros de Roma, morirán! —gritó Rómulo. Luego, sollozó por la pérdida de su amado hermano.

EL FIN DE UN ERA

Los romanos adoraban a muchos y muy diferentes dioses y diosas, pero en el Medio Oriente, el cristianismo y el judaísmo iban creciendo. Estas religiones tenían un solo dios, así que sus seguidores no podían adorar a los dioses romanos y, lo más importante, tampoco a los emperadores.

A los emperadores romanos no les gustó esto. Oprimieron a los cristianos y judíos que vivían en el Imperio Romano. El emperador Nerón ordenó que cientos de cristianos fueran despedazados por animales salvajes porque pensó que habían hecho enojar a los dioses, y provocó un incendio que quemó Roma. Los emperadores posteriores ejecutaron miles de cristianos que no querían renunciar a su fe y trataron de eliminar el judaísmo para siempre.

¿Sabías qué?

Los cristianos se encontraban en lugares secretos, incluso en túneles subterráneos, ¡que se usaban a menudo como bóvedas de entierro!

Antes de una batalla importante, el emperador Constantino vio una luz en forma de cruz en el cielo. Pensó que era una señal de Cristo. Ganó la batalla y creyó que Cristo lo había ayudado.

ADORACIÓN EN SECRETO

A pesar de los riesgos, algunos cristianos se reunían en secreto en Roma. Solo en el año 312 d.C., el emperador Constantino permitió a los cristianos profesar su religión abiertamente.

El cristianismo comenzó a ganar popularidad y eventualmente fue reemplazando a los dioses y las diosas. El emperador Juliano trató de recuperar la tradición de adorar a los dioses, pero no tuvo éxito. Eventualmente, el cristianismo se convirtió en la religión oficial del Imperio Romano.

RELACIÓN CON OTROS MITOS

Se cree que muchas fechas importantes de la religión cristiana fueron establecidas para ensombrecer festivales de antiguas creencias. Por ejemplo, la Navidad y la Pascua compitieron con las fiestas del dios del Sol y los festivales de primavera.

Influencia romana

Los mitos y las leyendas dieron esperanza a los antiguos romanos, y les hicieron creer que existían seres que podían influir en sus vidas. Al adorar a estos dioses y diosas, los romanos pensaban que tendrían buenas cosechas o que ganarían batallas.

EL LEGADO ROMANO

Cuando conquistaron nuevos territorios, los romanos no solo encontraron nuevos dioses a los que adorar, también difundieron sus propias creencias. Los nombres de los dioses y diosas romanos aparecen en lugares que nunca imaginarías.

RELACIÓN CON OTROS MITOS

Hoy en día, mucha gente usa nombres de dioses y diosas romanos para nombrar sus negocios o productos:

- El avión de transporte The Hercules (el Hércules, en inglés) se utiliza para transportar carga grande y pesada.
- El nombre de Venus se usa para nombrar muchos productos de belleza.

¿Se te ocurren más ejemplos?

RELACIÓN CON OTROS MITOS

Los romanos nombraron el quinto día de la semana en honor a Júpiter. Cuando los anglosajones comenzaron a usar el calendario romano, llamaron a este día *Thunres-daeg*, que significa el "Día de Thor". Thor era su dios del trueno, así que él era el equivalente al dios Júpiter de los romanos.

Seguimos usando el calendario romano en la actualidad.
Según la leyenda de Roma, este fue establecido por Rómulo, el fundador de Roma. Dividió el año en 10 meses y les dio a algunos de ellos nombres en honor a los dioses. Al mes de marzo se le llama Martius, que significa el "mes de Marte", y junio fue llamado así por la diosa Juno.
Un emperador posterior añadió dos meses más, uno de los cuales fue enero, llamado así por el dios Jano.

¿Sabías qué?

Puedes ver la influencia de los mitos romanos en el cielo mismo. Planetas como Venus, Marte, Mercurio y Júpiter fueron nombrados en honor a los dioses romanos.

Personajes, criaturas y lugares

DIOSES Y DIOSAS

Apolo dios del Sol, la medicina, la música, la poesía y la filosofía, hijo de Júpiter

Baco dios del vino

Ceres diosa de los cultivos y las cosechas

Cupido dios del amor

Diana diosa de la caza

Isis diosa de Egipto, popular en todo el Imperio Romano

Jano dios de las puertas y los nuevos comienzos

Juno diosa del matrimonio y el parto, esposa y hermana de Júpiter

Júpiter gobernador supremo de los dioses

Lares dioses protectores del hogar

Marte dios de la guerra, hijo de la diosa Juno, padre de Rómulo y Remo

Maya diosa de la fertilidad y la primavera

Mercurio dios de los ladrones y del comercio, hijo de Júpiter

Minerva diosa de la sabiduría, hija de Júpiter

Mitra dios de la luz que proviene de Irán, popular entre el ejército romano

Neptuno dios del mar

Olímpicos nombre que se da al grupo de dioses y diosas que viven en el monte Olimpo

Penates dioses de la despensa

Plutón dios del inframundo

Prometeo tramposo, hijo de Lapeto

Tinia dios etrusco del trueno

Venus diosa del amor, madre de Cupido y Eneas

Vesta diosa del fuego en el hogar; también diosa del hogar y la familia

Vulcano dios del fuego, esposo de Venus

HÉROES, MORTALES Y OTROS

Anquises padre mortal de Eneas

Argonautas tripulación del barco de Jasón, el Argo

Cástor y Pólux hijos gemelos de Júpiter, acompañaron a Jasón en el Argo

Cayo Mucio Escévola un joven romano, famoso por su valentía

Dido reina de Cartago

Eneas héroe troyano, antepasado de los fundadores de Roma, hijo de Venus

Hércules hijo de Júpiter y madre humana Alcmena; un heroico mortal a quien proclamaron dios después de su muerte

Idas y Linceo hermanos gemelos que lucharon contra Cástor y Pólux

Jasón legendario héroe griego y líder de los argonautas

Rea Silvia sacerdotisa, madre de Rómulo y Remo

Rómulo y Remo fundadores de Roma, hijos gemelos de Marte y Rea Silvia

Sibila de Cumas sacerdotisa que podía predecir el futuro

AUTORES

Apolonio de Rodas poeta que escribió sobre la historia mitológica de Jasón y los argonautas

Cayo Valerio Flaco poeta romano que escribió una epopeya basada en Argonáuticas de Apolonio

Livio historiador romano, nacido como Tito Livio alrededor del 59 a.C.

Ovidio poeta romano, nacido como Publio Ovidio Nasón en el año 43 a.C.

Virgilio poeta romano que escribió la Eneida, que cuenta la historia de Eneas y la fundación de Roma

CRIATURAS

Cerbero el perro de tres cabezas que vigila el inframundo

Cíclope gigante de un solo ojo, de Sicilia

LUGARES

Cartago ciudad en el norte de África

Colina Capitolina lugar en Roma, donde se encuentran los edificios del Templo Capitolino, donde el gobierno romano tenía su base

Cumas colonia griega

Campos Elíseos lugar en el inframundo para las almas de los buenos

Monte Etna volcán en Sicilia, Italia, se dice que es donde Vulcano creó su fragua

Monte Olimpo montaña en Grecia, donde se cree que es el hogar de los dioses

Panteón templo en Roma construido para adorar a todos los dioses

Río Tíber río en Italia, sobre el que se asienta Roma

Roma capital de Italia

Sicilia isla frente a la costa de Italia

Troya legendaria ciudad, se cree que está en la costa turca

GLOSARIO

altar mesa o bloque plano usado como un lugar para hacer ofrendas o sacrificios a los dioses

anglosajones pueblos que vivieron en Inglaterra hasta la conquista de Normandía en 1066

atributo calidad o característica asociada a una persona o a un dios

celta en relación con los celtas, que eran una tribu de personas, incluyendo los irlandeses, escoceses y galeses

comercio acto de compra y venta

conquistar tomar el control de un lugar o de un pueblo por la fuerza

constelación grupo de estrellas en el cielo que forman un patrón o imagen

cósmico/a relacionado al universo o al cosmos, en lugar de la Tierra

culto devoción religiosa a una persona u objeto en particular

descendiente alguien que está emparentado con una persona en particular que vivió en el pasado

emperador/emperatriz gobernante de un imperio

epopeya poema largo que cuenta las aventuras de figuras heroicas

esclavo/a persona que es propiedad de otra y no es libre de hacer lo que quiere

etruscos pueblo que controlaba una zona de Italia, al norte del río Tíber

expedición búsqueda larga y difícil

filosofía estudio de la naturaleza del conocimiento y del ser

fragua taller de herrería

hambruna largo periodo de tiempo con poca o sin comida. La gente a menudo muere por falta de comida durante una época de hambruna.

herrero/a persona que hace cosas de hierro

hogar suelo de una chimenea

Imperio Romano imperio que sucedió a la República Romana. Se estableció en torno al año 27 a.C.

inframundo lugar donde se creía que iban las almas de los muertos

inmortal que vive para siempre; describe a un ser que no puede ser asesinado

leyenda cuento tradicional contado por un pueblo

lira instrumento musical de cuerda

mortal ser humano que no vivirá para siempre

oprimir tratar mal a alguien, a menudo debido a su raza o religión

pira fuego para quemar cadáveres como parte de un servicio funerario

profecía predicción de lo que sucederá en el futuro

sacrificio acto de matar a un animal o a una persona como ofrenda a un dios o diosa

sagrado/a conectado con un dios u otro poder divino

supersticioso/a que cree en la magia y la suerte

templo lugar de adoración o casa de un dios o una diosa

tramposo/a personaje que en los mitos hace trucos y travesuras

MÁS INFORMACIÓN

SITIOS WEB

www.metmuseum.org/toah/hd/roem/hd_roem.htm

Aprende más sobre el Imperio Romano y observa algunos artefactos en el sitio web de este museo.

www.pantheon.org

La *Encyclopedia Mythica* es una enciclopedia de mitología, folclor y religión.

www.pbs.org/empires/romans/empire/index.html

Este sitio web de la cadena de televisión pública en Estados Unidos habla del Imperio Romano en el siglo I d.C. y contiene una serie de televisión sobre el tema.

www.rome.mrdonn.org

Este sitio web contiene muchos enlaces a información sobre la antigua Roma.

DVD

Hercules (Disney, 1997).

Esta película cuenta la historia del héroe romano Hércules.

History Classics: Ancient Rome (A&E Home Video, 2010).

When Rome Ruled (National Geographic Video, 2011).

LUGARES PARA VISITAR

Usa Internet para encontrar lugares que visitar donde puedas aprender más sobre los mitos y la vida romana. ¿Tal vez tu museo local tiene una colección de artefactos romanos que podrías investigar?

The Metropolitan Museum of Art
1000 Fifth Avenue
New York, NY 10028-0198
www.metmuseum.org
Explora las galerías griegas y romanas para ver algunos de los 17,000 trabajos en la colección de esas culturas antiguas que tiene este museo.

Museum of Fine Arts Boston
Avenue of the Arts
465 Huntington Avenue
Boston, MA 02115
www.mfa.org
Disfruta la impresionante colección de artefactos del mundo antiguo de este museo.

MÁS INVESTIGACIÓN

¿Te interesa saber cómo se fundó el Imperio Romano y cómo conquistó más tierras? Podrías usar tu biblioteca local o Internet para aprender más. Los romanos adoptaron muchos mitos de los griegos, así que puedes investigar más sobre estos mitos griegos. ¿Tal vez estés interesado en expediciones y aventuras? Podrías investigar las 12 labores de Hércules y descubrir los retos que se le presentaron. También podrías explorar los fascinantes monstruos en los que creían los griegos.

ÍNDICE

altares 9, 16, 44
Anquises 29, 30, 32, 42
Año Nuevo 18
Apolo 4, 10, 13, 23, 24, 42
Apolonio de Rodas 26, 27, 43
autores 5, 12, 26, 27, 28, 34, 43
aventuras y expediciones 26–33

Baco 14, 42

Caco 12
calendario 41
Campos Elíseos 32, 43
Cástor y Pólux 27, 28, 42, 43
Cayo Mucio Escévola 21, 42
Cerbero 32, 43
Ceres 16, 19, 42
Cíclopes 14, 29, 43
Cristianismo 38, 39
cuentos populares 5, 23, 34
culto 6, 9, 16, 20, 21, 27, 38, 39, 40
cultos 6
Cupido 12, 42

Diana 6, 9, 10, 18, 42
días de la semana 41
Dido 32, 43
dioses domésticos 9
dioses y diosas 42

emperador Augusto 21
emperador Calígula 21
emperador Constantino 39
emperador Nerón 38
emperadores 21, 38, 39
Eneas 28, 29, 30, 32, 34, 35, 36, 42, 43
esclavos 18, 19

festivales 18, 19, 39
fundación de Roma 28, 29, 34–36

gigantes 11, 14
guerra de Troya 29, 30, 32

Hércules 20, 21, 27, 40, 43
Hermano Conejo 23
héroes 20-21, 42, 43

Imperio Romano 6, 38, 39, 45
inframundo 13, 28, 29, 32, 45
inmortalidad 7, 28, 45

Jano 8, 41, 42
Jasón y los argonautas 26, 27, 43
Judaísmo 38
juegos 19
Juno 10, 11, 12, 14, 16, 32, 41, 42
Júpiter 10, 11, 12, 13, 14, 16, 18, 22, 23, 27, 28, 41, 42

Lares 9, 42
Livio 5, 34, 43

Marte 10, 12, 13, 35, 36, 41, 42
Maya 23, 42
Mercurio 9, 10, 23, 24, 32, 41, 42
Minerva 6, 10, 11, 12, 16, 42
mitología celta 6
mitología etrusca 6
mitología griega 10, 11, 13, 34
Mitra 6, 7, 42
monstruos 12

Neptuno 10, 13, 32, 42

obras de teatro 19
olímpicos 11, 42
Ovidio 12, 27, 43

Panteón 17, 43
Penates 9, 42
planetas 41
Plutón 10, 13, 42
poemas 12, 26, 27, 28
Prometeo 22, 23, 42

qué son los mitos y leyendas 4

rayos 11, 28
Rómulo y Remo 13, 34, 35, 36, 43

sacrificios 16, 18, 19, 22, 45
Sansón 20
santuarios 9
Saturnalia 19
Saturno 6, 19
Sibila 32, 43
Sulis Minerva 6
superstición 8

templos 9, 16-17, 45
tramposos 20-23, 45

Venus 10, 12, 29, 40, 41, 42
Vesta 9, 10, 42
Virgilio 27, 28, 43
Vulcano 10, 12, 14, 42